コミュニティ音楽療法の試み

笠嶋道子
泉水直子 編集

クオリティケア

まえがき

若い精神科ドクター　松井紀和先生が、東京武蔵野病院で患者さんと合唱を始めたのは1950年代でありました。まだ日本で音楽療法という言葉は、なじみがないころの話でありました。

それから30年経った1980年頃に、笠嶋は音楽療法の勉強を始めて、松井先生の主催する「音楽療法セミナー」に毎年通うようになりました。

他に勉強の手段のないころ、全国から大勢の人々が集まって、夜を徹して熱く語り合ったものであります。その中で私の一番関心のあったのは、最終日に行なわれた『レクリエーション』という松井先生の仕切る体験の場でありました。

大勢（多分100人以上）の人々を、音楽と先生の進行でまとめる技は、凄い！　と思いました。そのレクリエーションは、居合わせた生のバンドでおこなわれました。因みに、先生の奥様はピアノを弾いていらっしゃいました。可愛い感じの綺麗な奥様でした。

即興でみんな参加しなければいけません。恥も外聞もかなぐり捨ててやらなければいけません。立派な学者先生も、全国から集まった様々な人々も、同じようにやることになりました。ここに先生の狙いがあったのだと今にして思います。

2023年現在、音楽療法士の資格は日本音楽療法学会認定の資格として、確立されています。しかし、国家資格ではないため、職業としての成立が難しい状況であります。

今現在行われている分野は、高齢者、知的障害児者、精神科、ホスピス、などになります。

それぞれに研究されて、学会で発表が行われています。

が、2022年に行われた広島学会での大会基調講演では『コミュニティ音楽療法』という新しい考え方による、ブリュンユルフ・スティーゲ先生のお話でありました。

その話を聞いた時、すでに何回も行なっていた笠嶋道子の「あなたとわたしのワイワイコンサート」を思いました。そしてこの基本は、松井先生のレクリエーションの技法にあったのだと、思い返しました。

40年も前の話しでありますが…。そしてその当時は『コミュニティ』という文言は、音楽療法になかったのであります。

そして、今日《こんにち》、ここにめでたく、発表できることとなりました。

松井先生は90歳以上、わたしも80歳を超えました。

出版社社長の鴻森和明氏の協力とご支援に感謝する次第であります。

2023年8月2日　君津市にて笠嶋道子

目次

♪コミュニティ音楽療法のながれ

　スティーゲの考えに、実際の実践に沿って経緯をたどってみます。

　スティーゲはノルウェーの音楽療法家であります。今まで日本でも何冊かの著書が紹介され、私も読んでおります。２０１９年に『コミュニティ音楽療法への招待』という本が風間書房より出版され、読みました。そして２０２２年日本音楽療法学会22回大会で基調講演が行われました。その基調講演のコミュニティ音楽療法の理論が、ワイワイコンサートに符合している部分があるので、ここで取り組んでみます。

コミュニティ音楽療法の実践とは

1　参加型であります。

　これは問題なくクリアです。
　コンサートの狙いは障害児者をステージの上にあげることでありました。
　そのことで客席にも反応が見られ、多くの喜びの声が聞かれました。
　障害児者が喜ぶのは、人々の気持ちを楽しませることにより判明出来ます。

2　コンサートがその人の持っている資源（リソース）を活用できます。

コンサートを実現させるためには実に多くの能力の積み重ねが必要になります。セラピストの音楽能力、それぞれの対象者の能力の見極め、それに合わさる音楽の持てる力の発揮、多くの演奏家、地元の音楽愛好者、そして介助するボーイスカウトのメンバー、などなどです。

音楽を中心にして、人々の資源の寄せ集め、つまりミュージッキングが展開されます。そのうえで障害児者がステージで活躍できるのであります。これが大切です。

3　社会に対する働きかけがあります。

コンサートには費用がかかります。君津市民文化ホールを一日借ります。＋楽器使用料金など。皆様に配布するプログラム、チラシの作成費。演奏者に対する謝礼。ここにはミュージックセラピスト協会メンバーの交通費も含まれています。その他出演者全員の昼食代、などなどです。

規模の小さいときは一部の寄付とチケット売り上げで賄いました。

しかし、実行委員の意見で、広告をお願いすることとなりました。

これは思わない効果が表われました。それはこのコンサートに興味を持ち賛同してくれる人が多くいらしたことです。様々な職種の人がいました。また、値段を安くしたことも良かったことの一つでした。

こうして、世のなかの皆さんにご協力をいただけることになり、障害児者の関係者方々の喜ぶところとなりました。

4　パフォーマンス的であることです。

このようなコンサートに出演することで、人間発達に焦点があてられることや人に認められることは、人として大きな喜びとなります。

ここで田中君を紹介しましょう。

田中君は29歳、軽度自閉です。B型作業所に通っていて、私の教室に通っています。毎週同じ時間にきて毎週同じ歌を歌い、時間ぴったりに帰ります。

私が伴奏を間違うと、「バッ〜」といって猛烈に怒ります。だから私も緊張して頑張ります。

今年度のワイワイコンサートではいつも歌っている「世界で一つだけの花」をうたいます。

田中君は、歌う前に一言いいます。

「僕のためにみんな聞いてくれてありがとう。お客様は神様です」

ピアノは私が弾きます。

それはいつも通りでないと歌うのをやめてしまうからです。

ステージの中央で堂々とうたいます。

その後ろでは、施設の方々とか、そのほか、会場から多くのお友達がステージ上で踊ります。

ドラムスは遠方からきたショージ君がやっています。作業所で一緒だったので、大丈夫です。

田中君はこの頃とても暮らしやすくなりました。先日、手の骨折で手術しましたが一人で入院治療できました。私に「見舞いにくる？」といいましたが、コロナで行けませんでした。

そして作業所のお給料も多くなってきました。

そこには人とうまく接することが難しかった、以前の田中君はもういません。

ご両親も安心です。もう困ることがなくなりました。

5　人々の抱えている問題が、疎外感や不公平といった社会における制度とどのように関係しているか評価することにつながります。

知的障害あるいは重度障害者にとって音楽は非常に有効であります。

たとえ言葉がなくとも、耳が聞こえなくとも音楽は伝わります。

音楽の原点は空気の振動であります。振動を伝える楽器の有名なものは、ギターであり、打楽器であります。

セラピストは様々な種類の楽器を使用して、セッションを行います。

しかしながら、対象者にはコミュニケーションの手段がありません。

したがって、保護者または関係者が対象者である「本人の願い」を理解できないことが多々あるのです。

ましてや一般の方々には何もわからないと判断されやすいのです。

その様なことからコミュニケーションの最大有効な技法が音楽療法であると信じられるのです。

・音とふれあう。

・知らない人と触れ合う。
・多くの人と触れ合う。
・騒いでも、動いても、何処に行っても、何をしても叱られることはない。
・その様子を見守り、ケアしてくれる人がいる。
・ここで、ボランティアのボウイスカウトで、実行委員をしている山崎修一さんから、活動の「ボウイスカウトの精神」を紹介をさせていただく（⬇p.8 スカウト諸君）。
この活動に参加している、実行委員、出演者、ミュージックセラピストなどの全員がボランティアの精神が必要である。

コンサートに参加した全員がみんな同じと思えることが大事である。

6　プロセスが、結果を理解しようとする協働的試みを、非言語な行動や相互作用も人間的関係に寄与することであります。

ここでショージ君を紹介します。

ショージ君は今年34歳です。軽度自閉で、お仕事をしています。

私が、B型作業所で音楽療法の仕事をしている時、知りました。

私が音を出すと、彼はゲタゲタ笑います。ふざけていると思い、叱りました。

その後、音楽が好きで嬉しくて笑っていたことが分かり、それから自宅にレッスンに来るようになりました。両親とともに来ました。

分かったことは、実にリズム感がよいということで、ドラムスをすすめてみました。驚いたことに、リズムキープができます。

それは同じテンポで演奏できるのです。これは基本ですが、誰でも出来ることではありません。しかも、ちょっと早くとかちょっと遅くもできます。

これは、凄いことです。

色々な曲もできるようになり、とても楽しみになりました。

教室発表会にも母親の歌で参加していました。

ところがある日、父親の定年のために実家に帰ることになりレッスンを中止となりました。

とても残念に思い、転居先でもレッスン受けられませんか？　と話してみると快諾されて、ショージ君はめでたくレッスンを続けることが可能になりました。

その後、遠くから君津まで家族みんなで来て、コンサートに出演することとなりました。家族で同じTシャツを着用します。

ちかごろは、飛行機代も自分で支払います。

ステージでは、袖でステックを持ち待機しています。私がこれできる？　と聞くと「うん」といい、立派にできます。

最近では「世界に一つだけの花」「ハピネス」を演奏しました。

その他、色々でき、当日のプロの演奏者にもおほめの言葉をもらいました。

帰りには、あまりしゃべらないショージ君ですが「先生さようなら」と言いに来ました。

後日お父さんと「うまくなったねえ」と話しました。

通常の対人関係も、良くなっていることと思われます。

なぜなら、ドラムは人と演奏するものなのですから。

7　人権に基づく価値観が活動指針となります。

公民館で行われている活動は一般社会の活動です。

ここには趣味で音楽活動している人達が大勢参加しています。

それは多くはどうやればうまくやれるか、が目的となります。

私達の「ＧＫＮクラブ」も職員の配慮で参加が可能となりました。

しかし他の参加者とは全く関係なく、付き合いもありません。

私が狙っている、みんな仲良く、楽しい音楽活動、はなかなか説明が難しく、いつも「普段の活動を見に来てください」といいますがだれも来ません。

音楽するのは
・みんなと仲良くする。
・人としてどんな人とも仲良しになれる。
そのことは人として認め合うことに繋がります。

それは自分のために、幸せの第一歩と思えるのです。

スカウト諸君

「ピーターパン」の劇を見たことのある人なら、海賊の首領が死ぬ時には、最後の演説をするひまはないにちがいないと思って、あらかじめその演説をするのを、覚えているであろう。私もそれと同じで、今すぐ死ぬわけではないが、その日は近いと思うので、君たちに別れの言葉をおくりたい。

これは、君たちへの私の最後の言葉になるのだから、よくかみしめて、読んでくれたまえ。

私は、非常に幸せな生涯を送った。それだから、君たち一人一人にも、同じように幸福な人生を、歩んでもらいたいと願っている。

神は、私たちを、幸福に暮らし楽しむようにと、このすばらしい世界に送ってくださったのだと、私は信じている。金持ちになっても、社会的に成功しても、わがままができても、それによって幸福にはなれない。幸福への第一歩は、少年のうちに、健康で強い体をつくっておくことである。そうしておけば大人になった時、世の中の役に立つ人になって、人生を楽しむことができる。

自然研究をすると、神が君たちのために、この世界を、美しいものやすばらしいものに満ち満ちた、楽しいところにおつくりになったことが、よくわかる。現在与えられているものに満足し、それをできるだけ生かしたまえ。ものごとを悲観的に見ないで、なにごとにも希望を持ってあたりたまえ。

しかし、幸福を得るほんとうの道は、ほかの人に幸福を分け与えることにある。この世の中を、君が受け継いだ時より、少しでもよくするように努力し、あとの人に残すことができたなら、死ぬ時が来ても、とにかく自分は一生を無駄に過ごさず、最善をつくしたのだという満足感をもって、幸福に死ぬことができる。幸福に生き幸福に死ぬために、この考えにしたがって、「そなえよつねに」を忘れず、大人になっても、いつもスカウトのちかいとおきてを、堅く守りたまえ。神よ、それをしようとする君たちを、お守りください。

君たちの友

ベーデン・パウエル・オブ・ギルウェル

(これは1914年1月8日にベーデン-パウエルがなくなった後、彼の書きものの中から発見された)

♪コミュニティ音楽療法の理解につなぐ
〜ブリュンユルフ・スティーゲ氏基調講演より抜粋したものから〜

日本音楽療法学会学会誌Ｖｏｌ22／Ｎｏ２に掲載された、第22回学術大会２０２２広島で行なわれた、ブリュンユルフ・スティーゲ氏基調講演「コミュニティ音楽療法におけるケアとシティズンシップの共創」は、日本におけるコミュニティ音楽療法のあり方を考える上で、富んだ内容となっています（岩本 誠氏 学会誌編集後記より）。

ここでは、とても難しい内容ですが、学会誌の基調講演掲載内容を抜粋することにより、その内容の一部を以下に記してみます。

コミュニティ音楽療法の定義は、複雑であったり、議論を巻き起こしたり、あるいはその両方であることが多いようです。その結果、実践の在り方や方法や状況は文化によってさまざまです。

スティーゲ著書「コミュニティ音楽療法への招待」では、コミュニティ音楽療法を特徴づけるテーマを表す用語として「特性（qualities）」を用いてます。

これらの特性を示すために、**頭字語 PREPARE**（prepare：準備する）を使っています。

この頭字語は適した表現になっていると思われるのです。なぜなら、コミュニティ音楽療法の実践はコミュニティに参加できるように個人が準備し、個々人を迎え入れられるようにコミュニティが準備するものだからです。

すなわち、コミュニティ音楽療法の実践は

①**参加型**（Participatory）であります。

P－コミュニティ音楽療法の実践は参加型であり、基本的には民主的であることを示しています。

人々には、参加し、変化をもたらすことが奨励されます。参加型のアプローチには、耳を傾けよう、学ぼう、対話で問題解決していこうとする姿勢が必要となります。

②**リソース志向**（Resource-oriented）であります。

R－コミュニティ音楽療法の実践はリソース（資源）志向であり、個人の強みを生かすことを含みます。リソースとは、人々が問題に取組み、可能性を追求できるよう、日常生活の中で使用可能な蓄えと考えることができます。

③**生態学的**（Ecological）であります。

E－コミュニティ音楽療法の実践は、社会における個人と集団とネットワーク間の相互関係に働きかける生態学的なものです。

④パフォーマンス的（Performative）であります。

P‐コミュニティ音楽療法の実践はパフォーマンス的であり、状況に応じた行動や相互作用による人間発達に焦点が当てられることを意味します。

たとえば音楽演奏がこれに当たります。しかし、誰もがコンサートをしたいわけではないですから、この原理は、より広範囲におよぶものです。人間の生活は、自己とコミュニティのさまざまなパフォーマンスとそのプロセスにおける相互作用を含め、演じられるものでもあるという見方を反映しています。

⑤活動家的（Activist）であります。

A‐コミュニティ音楽療法の実践は、活動家的であります。

人々の抱える問題が、社会における制限とどのように関係しているかを評価します。

⑥省察的（Reflective）であります。

R‐コミュニティ音楽療法の実践は、省察的であります。

プロセスや結果、合意を理解しようとする協働的な試みが含まれます。

省察には言語による話し合いを伴うことが多いですが、それだけでなく非言語的な行為や相互作用も人間理解に寄与するものです。

⑦倫理推進的（Ethics-driven）なものです。

[E]−コミュニティ音楽療法の実践は、倫理推進的で、実践、理論、研究が権利に基づくものであることを示しています。

これらの特性は、コミュニティ音楽療法に限ったものではないことに言及しておきます。たとえば、コミュニティ音楽療法以外の実践においてもリソース志向のものはあります。しかし、これら①〜⑦の諸特性が、程度の差こそあれ、さまざまな形で組み合わさって、コミュニティ音楽療法を特徴づけているのです。それぞれの実践をみると、いくつかの特性が他よりも目立っているものです。

そこでこれらの諸特性を総合的にみると、コミュニティ音楽療法を理解するのに役立ちます。ここで泉水直子が抜粋した理論は、難しく、理解につなぐのはなかなか大変なことで、正直自身でも悩んでいます。

ですので、この前部分の、笠嶋道子がコミュニティ音楽療法実践に基づいて書いたものと、合わせて読んでいただくといくらか解りやすく感じていただけるかなと思っています。

＊理論抜粋部分
日本音楽療法学会学会誌２０２２Ｖｏｌ22　第22回学術大会基調講演ｐ104〜106より

♪あなたとわたしのワイワイコンサート

あなたとわたし

「あなた」っていうのは、障害のある人がだいぶ含まれます。障害のある人たちと一緒にやりたい。

「わたし」は、実行委員とか音楽を提供する人とか、一般の方たちっていうふうになります。障害のある人が「音楽がとても好き。大好き。ステージが大好き」というのを、私は音楽療法が経験が長いものですから、よく承知をしております。

私の中で、音楽が人を良くしていくということをすごく体験しているんだと思う。その良くしていく中に障害児者ですね、障害のある重い人でもどんな人でも、ステージが大好きということを私は承知しておりました。

親御さんとかですね、周りの方はステージに上がるということに抵抗がある。それは普通の人なんですよ。ところが重い、すごい重い方でもステージに上げたい。上がると、喜んでにこにこする。

なので、どうやったらステージに上げられるかというのを、だいぶ研究といいますかね、考えました。

例えばですね、場面緘黙、しゃべらない人っているんですよね。おしゃべりが、まあちょっと抵抗がある。で、その人もステージ大好き。

人前に出て行って、人と、人に認めてほしいって言いますかね。その人の存在を認めてほしいという願望といいますか、それは普通の人と一緒。それを私は承知していました。この人たちをステージに上げるためにはどうしたらいいかっていうふうに考えて、君津市の方たちと相談をしました。「静かに聴いてください」は一切やってません。

だから「ワイワイ」なんです。

静かに聴けないのは、その音楽が「静かにしなさい」という音楽をしていない、というふうに私はとっています。

ステージに上がりたくない人は、ポンポンがあるんですね。それを皆さんに持っててもらってます。座席で踊ったり、振ったり。参加するんですね。

障害のある人と一緒に楽しんでやるやり方については、ミュージックセラピスト協会の人が平生やっていることですけれど、障害のある人とお付き合いがあるので、どんなことをしても叱らないで上手に、楽しんで頂くということができます。

音楽に理屈はいらないんですよ。どこどこ大学を出たとか、なんとか賞、金賞をもらったとか、そういう知識は全くいらない。いい音楽は通じると。だから、難しいっちゃあ難しい。

参加してくださった方々が、「来てよかったな」って帰ってもらえるように、安心・安全が守られるようにコンサート運営をしていきたいっていうところがありますね。

ミュージックセラピスト協会の方々が、舞台下の見守りっていうことも具体的にしてくださるんです。

舞台に上がって楽しんで頂いた後、また自分の席に戻るってところ、移動のところなどにも、安全・安心をもって参加できるように。

車いすの方もステージに

車いすの方ね、ちょっと見るときついって思うこともあるんじゃないですか。でもね、すごくステージに出たいんですよね。最初のころは、「車いすの人を出して…」っていうふうに言われることもありました。ところが、キミツ君といって最重度の方が実行委員になりました。彼が「車いすをなるべく長くステージに出してほしい」という意向がありました。それで、私も「〇〇さんの歌」って、車いすの人を紹介する歌を私が前に作ったのがありまして、会場の皆さんと名前を呼ぶんです。

「キミツ～君、キミツ～君、みんなのとも～だち～」

結構いい曲で。これを一人ずつ呼ぶ。会場の皆さんとステージでミュージックセラピスト協会の人がピアノ歌をやって、「この人、キミツく～んと呼んでくださ～い」って会場の皆さんに持ち掛けます。そして、会場の皆さんから呼ぶ。名前っていうのは、本人は何百回、何千回聞いているわけですよね。だから自分が呼ばれていることは、ちゃんと確認ができます。これが、重度の車いすの方の「○○さんの歌」での出演の仕方。たぶん10人以上の人が出てきます。障害がある人でも、皆さんに認めてほしいっていうのは、すごく強くあるんですよね。

一回出たら、もうもっとやりたい。そこにたどり着くまで、親御さんとか、ある覚悟っていますかね。「この子をステージに出しちゃう」っていう、それを乗り越えていただくということ。ステージに出すためには、ご家族・施設の方のご理解ご協力がないと出せません。

ステージに上がって

ステージに上がって、ボーイスカウトの皆さんが車いすを押して、お名前のカードを持ちます。歌はミュージックセラピスト協会の人間が歌います。その車いすの方はただ座ってる。名前を呼ばれて泣く人もいますね。

障がい者年とかなんか言いますけど、障害のある人がステージに上がって、名前を呼ばれることに喜びを感じているということを、是非、皆さん知ってほしい。

こうしてコンサート始まりました―ナオちゃんのこと―

ナオちゃんは今年51歳になりました。

ナオちゃんは重度の知的障害です。言葉も使うことができません。

私の教室に来た時はまだ小学生でした。

私とナオちゃんはとても仲良しになりました。

色々考えると、ナオちゃんは私の声が好きなのだということが分かりました。

そしてもうひとつ好きなのは、あの大歌手「五木ひろし」の歌でした。

きれいなママが気づきました。

ナオちゃんは「五木ひろし」のファンクラブに入り、ママはコンサートにも連れて行きました。

ある日、ナオちゃんは施設に入ることになりました。

こうして私の教室に来なくなりました。

私は音楽療法士育成のための専門学校の教師となりました。

単身赴任で、約10年勤めました。君津の自宅に戻り、何をしようかと考えてナオちゃんに生の音楽を聞いてもらいたいとたどりつきました。

そうして、賛同してくれる多くの仲間、そして、設立したミュージックセラピストのメンバーとこのコンサートを開くことになったという訳です。

ナオちゃんは、ステージの私の側にきて可愛い顔でニコニコしています。

ナオちゃんはステージの私の隣にちょこんと座って可愛い笑顔で笑っています。


（かずさＦＭ「街角トークあの人に会いたい」２０２０．２．21放送より）

白川照代口述筆記

なたとわたしの

第13回 ワイワイコンサート

日時：２０２３年2月２５日（土）

会場：君津市民文化ホール（中ホール）

開場：１３時　開演：１３時３０分

参加費

大人（中学生以上）９９９円

障がい児・障がい者・小学生　５００円

未就学児　　無料

出演者も観客もみんなで一緒に楽しくすごしましょう！

参加招待施設紹介

みづき会・木更津中郷丸・たびだちの村・アルムの森
どんぐりの郷・湊ひかり学園・わたぼうし・縁側よいしょ　他

主催：ワイワイコンサート実行委員会

協力：ＮＰＯ法人日本ミュージックセラピスト協会

後援：君津市教育委員会・君津市社会福祉協議会・君津市文化協会
木更津市教育委員会・木更津市社会福祉協議会・木更津市文化協会
富津市教育委員会・富津市社会福祉協議会・富津市文化協会

（お問い合わせ：笠嶋道子　０９０－７６３５－７９５７）

プログラム

司会：荒井道恵、水野由佳子（腹話術：ハイジちゃん）　ドラムス：前田仁　　ピエロ：モッピン
ＹＹＢ：ワイワイバンド（日本ミュージックセラピスト協会）　ウエルカム演奏：白川照代　他

	〔プロローグ〕	♪早春賦	長尾彰久
	挨拶		新井孝男　笠嶋道子
1	民謡	♪ドンパン節	菊津会
2	ダンス	♪ジャンボリーミッキー レッツダンス！・他	かんでんちごちゃまぜ隊
3	歌	♪北国の春	君津五人衆：木村力、田中拳祐 赤荻徹、佐藤勝重　他
4	参加ダンス	♪さんぽ　　勇気１００％ ♪世界に一つだけの花	前田仁（ドラム）、ＹＹＢ 田中拳祐（歌）、木村力（ドラム）
5	馬頭琴	♪風の馬　　ヤクシマ ♪万馬の轟	美炎（馬頭琴） 前田仁（パーカッション）
6	テノールソロ	♪翼をください ♪見上げてごらん夜の星を	吉村敏秀（テノール）
7	車椅子の皆さんと①	♪○○さんの歌	ＹＹＢ、ボーイスカウト君津第２団
8	民謡	♪花笠音頭	菊津会、ＧＫＮクラブ、ＹＹＢ

～ 休 憩 ～

9	吹奏楽	♪日本昔ばなしセレクション ♪明日という日が	君津中学校吹奏楽部
10	吹奏楽	♪ジャンボリーミッキー・他	八重原中学校吹奏楽部
11	参加ダンス	♪さんぽ　　愛は勝つ ♪ハピネス	前田仁（ドラム）、ＹＹＢ 木村力（ドラム）
12	音頭（踊り付き）	ワイワイ音頭 ＊作詞・作曲：笠嶋道子	ＧＫＮクラブ 振付：若柳舞美
13	車椅子の皆さんと②	♪○○さんの歌	ＹＹＢ、ボーイスカウト君津第２団
14	レクダンス	♪楽しいね ♪手のひらを太陽に	浦江千幸、君津五人衆、ＹＹＢ
15	テノールソロ	♪君津市民の歌 ♪川の流れのように	吉村敏秀（テノール）
16	歌	♪花	ＹＹＢ
17	歌とベル	♪ふるさと	実行委員会、君津中、八重原中 ＹＹＢ、ボーイスカウト君津第２団
	挨拶・手締め		山﨑修一（挨拶）、尾形正義（手締め）

参加団体紹介

・菊津会＜お問い合わせ＞　尾形 正義　０４３９－５２－４５３２

・かんでんち ごちゃまぜ隊
＜お問い合わせ＞　山野寺由紀 ０９０－６５６５－３７２６

・馬頭琴　美炎
　ＣＤの販売あり

・吉村 敏秀　（テノール歌手、Ｂｌｏｏｍｉｎｇ Ｍｕｓｉｃ主宰）
　＜お問い合わせ＞　bloomingmusic.tnm@gmail.com
　＜公式ウェブサイト＞　https://www.blooming-music.com

・君津五人衆（木村 力・田中 拳祐・赤荻 徹・佐藤 勝重　他）

・モッピン（ピエロ）

・君津市立君津中学校吹奏楽部

・君津市立八重原中学校吹奏楽部

・ボーイスカウト君津第２団
　＜お問い合わせ＞　団委員長　佐藤 計広　０４３８－３６－３７９５

・ＧＫＮクラブ
　＜お問い合わせ＞　白川 照代　　０８０－５４３２－８３１３

・ＮＰＯ法人日本ミュージックセラピスト協会（ワイワイバンド：ＹＹＢ）
　＜お問い合わせ＞　泉水 直子　　０３－３３８８－５１６０

・ワイワイコンサート実行委員会
　＜お問い合わせ＞　笠嶋 道子　　０９０－７６３５－７９５７

《　第１３回　ワイワイコンサート実行委員会　》
笠嶋道子（実行委員長）　尾形津謡（副実行委員長）　白川照代（事務局）
野村暁子（会計）　山﨑修一（広告）　新井孝男　石渡慶子　山野寺由紀
木村真弓　木村実　竹井徹　橋本淳志　橋本礼子　広瀬成子　笠嶋亮太

《　NPO 法人日本ミュージックセラピスト協会　》
赤荻郁子　荒井道恵　五十嵐智子　浦江千幸　奥本寛　笠嶋道子
金ヶ江恭子　紀川勝江　木戸博之　白川照代　泉水直子　千代田優子
津久井京子　永井順子　長尾彰久　松浦月子　水野由佳子
八角広子　山田連　山本名映子

【表紙・絵：君津特別支援学校小学部児童、中学部生徒　　作成：かさぴぃ】

『〇〇さん』の歌

作詞　笠嶋 道子
作曲　黒木 美樹

ワイワイ音頭

あの娘《こ》　あの娘《こ》
あの娘《こ》　かわいや
わいわい娘《むすめ》（ハイハイ）
鹿野山《かのうざん》の山奥《やまおく》で
ミツバをつつじを親《おや》にもち（ソレ）
小糸川《こいとがわ》で揉《も》まれたさ
（ソレ　ソレ　ソレ）

あの娘《こ》　あの娘《こ》
あの娘《こ》　かわいや
わいわい娘《むすめ》（ハイハイ）
亀山奥《かめやまおく》の温泉《おんせん》で
春《はる》は 緑《みどり》で 秋紅葉《あきもみじ》（ソレ）
上総《かずさ》の姉《あね》は 美《うつく》しい
（ソレ　ソレ　ソレ）

作詞・作曲：笠嶋 道子

あの娘《こ》　あの娘《こ》
あの娘《こ》　かわいや
わいわい娘《むすめ》（ハイハイ）
日本中《にほんじゅう》から集《あつ》まった
製鉄場《せいてつじょう》を兄《あに》にもち（ソレ）
人見神社《ひとみじんじゃ》もたくましい
（ソレ　ソレ　ソレ）

あの娘《こ》　あの娘《こ》
あの娘《こ》　かわいや
わいわい娘《むすめ》（ハイハイ）
天皇《てんのう》　皇后《こうごう》　お立《た》ち寄《よ》り
木造建築《もくぞうけんちく》　素敵《すてき》だな（チョイト）
皆《み》んな大好《だいす》き公民館《こうみんかん》
八重原《やえはら》　八重原《やえはら》　八重原《やえはら》
八重原公民館《やえはらこうみんかん》

♪公民館活動が音楽療法の原点

公民館という所在を知ったのは、４人目を出産してしばらくたってからであった。そのころ千葉県の田舎では音大出身者は少なく、ピアノ教室を開いていた私にも数多くの生徒がいた。しかしこのままでいいのかという一抹の不安があった。

それは、教師と生徒の関係のみである種の孤独感を感じていた。子育ても併せて、なにかの不十分感をもっていた。

今思うと、社会との繋がりまたは社会人の一員という立場は何もなかった。私にも仲間が欲しいという思いであったと思う。

１９７０年代の主婦は職業をもっていない人が多かった。特に音楽関係は、あまり就職はしない時代であった。職業としては成り立たない時代であった。

夫は、私がピアノを勉強することや仕事をすること等にはとても協力的であった。特にポーランド人の先生についたときは、英語の通訳もしてくれたほどであった。

そのころ、縁あって君津中央公民館で音楽サークルを始めることになり、それは「君津音楽同好会室内合奏団」という集団であった。

リーダーは東京農業大学オーケストラ出身の大野達也という人であった。

活動は、定期演奏会、施設訪問演奏。

この活動が今の私の音楽療法の原点となった。

その後公民館活動について世間知らずの私を導いてくれたのは、職員の新井孝男さんであり、それから50年近いお付き合となった。

公民館を10倍楽しく得して使う方法

公民館に出入りするようになって、8年を過ぎようとしています。

ここで、私が思いあたる公民館の得する利用法を述べてみたいと思います。それは自分が受けた数々の恩恵を一人でも多くの方に伝えたいのと、公民館および職員の方々に感謝の気持ちも含めてのことであります。

そして、自分の中で一応の区切りをつけたいものと思い、記すことにしました。本当はもっとたくさんの得する方法があると思いますが、私の体験から割りだしたことを記すことにします。

その1〈公民館で、学ぶことができます〉

公民館が私達のものというのを、ご存知でしょうか。本当にそうなんです。だから私達は、いばって使いましょう。

使わせていただく訳ではありません。私達市民の財産である公民館を、私達は自分達の意志で使うことができます。そして、公民館の職員の方々も、私達が利用するのをとても喜んでいます。

それでは、公民館に行くとどんなステキなことがあるでしょうか。

その2〈公民館は、市民の自由な集回活動のひろばです〉

公民館で勉強することができます。公民館には、職員が企画してめんどうを直接みてくれる「…学級・講座・教室、講演会・集い」などという主催事業というのがあります。これは、年間・何回という決められたコースと単発の行事があります。毎月の「公民館だより」に載りますし、公民館に電話をするとわかります。

私は、ここへは一度も顔をだしませんでしたが、学級長という人がいたりして、プチ学校という感じのようです。

そのほかに、公民館を利用して活動しているたくさんのサークルがあります（君津中央公民館では、60近いサークルが活動しています）。あなたの好みも、ここの中のどれかには所属できるのではないでしょうか。もちろん、お金も多少かかるのもあります。講師の謝礼、材料費などがかかりますので、会費として自分で払います。

このサークル活動は、市民の自主活動です。ですから、運営の面でもとても勉強になります。人の気持ちの動き方、サークルが人を集め何かイベントをしようとする時の協力の仕方など、いろんな場があります。

困ったらどんどん職員に相談をしましょう。専門に教育を受けてきたり研修を受けている彼らは、どこに問題があるのか教えて、手助けしてくれます。

人と上手に付き合うことの勉強は、即あなたの人生をバラ色に変えてくれる道しるべです。

生涯学習というのが、公民館のスローガンです。

その3〈ブラリと公民館に遊びに行ってみよう〉

人生は、厳しいものです。誰にも話すことができない事もあります。どこにも行くことができない時もあります。涙も出ない程かなしい時もあります。

そういう時、チョット公民館に行ってみましょう。何もありませんが、調理室に行ってお茶わんとお茶を出して、ついでに5人分位出してロビーでゆっくり座ってみましょう。公民館は私達のものなのですから、ここにいる人は皆お友達です。お茶をいれて人にもすすめてみましょう。知らない人と何となくお茶をのんでいるうち、とにかく今日は生きてみようと思えるものです。

そして、楽しそうにさまざまな活動をしている人々を見て、生きているのも悪くないと思えるものです。

勇気を持って、なんの目的もなく公民館に、とにかく遊びに行きましょう。そこから、もう一人のあなたの人生が始まります。

その4〈公民館であなたが発表することができます〉

公民館で発表することができます。あなたが踊りを習っているとしましょう。踊りは、先生の家でおけいこをしているでしょう。ですが、「…地区文化祭」というのがあります。文化祭には、誰でも参加できます。

毎年その時期になると、「公民館だより」で参加の呼びかけがされています。電話で申し込めばいいのです。

色々な人と一緒に発表することになります。だから心配はいりません。人のを見たり、協力して裏方をしたり、お客さんが少ないからとがっかりしたり、また失敗したり、人にほめられたり、いい友達をみつけたり、そして終わってお酒をのんで大騒ぎをしたり…。また来年もがんばっちゃおうと、新たな意欲がでてきます。

何より、お金をかけないで発表できます。そして、ＰＲまで公民館がやってくれます。


その５〈無料の公民館バスを利用することができます〉

ただでバスを使うことができます。君津中央公民館には、55人乗りのバスがあります。今のところ夏休み以外は日曜日には走りませんが、普通の日は申し込むと使うことができます。

サークルとか仲間で、どこかに見学に行く時に申し込みます。運転手さんが２人います。夏休みは、子供会がたくさん希望しますので、抽選です。


その６〈公民館の施設は、市民の声で使いやすくすることができます〉

私達の公民館は、私達の意見で変えることができます。前には、君準中央公民館には控室がなく、舞台から降りる所も一ケ所しかなく、文化祭の時は非常にみじめな想いをしていました。

そこで、今の利用者連絡協議会長の安斎甲喜氏が先頭に立ち、いくつか具体的な施設改善を市に要求しました。そのことで実現したのが、今の講堂と控室です。

安斎氏を先頭に多くの利用者が不便さをなんとかしようと立ち上がり、一応ステージとしての機能を向上させたのです。

今また、もっと私達の使いやすいホールの建設をという運動が展開されています。


その7〈公民館には、たくさんの人が集まります〉

ろうあ協会・手話サークルの人たちは、長い間、市に手話通訳を置くべきだと運動してきました。通訳の方がいなくてどんなに困っていただろうかというのは、私達もすぐわかります。

昨年は、署名運動をやりました。公民館を利用している多くの人達も心から応援しました。そして、その努力が実りつつあります。

人が集まるというのは、随分色々なことがあります。10人10色といいますが、色々な角度からの意見を聞いて、人の知恵をかりて、また先に進むことができます。

また、文化祭を実行する2000人近い人達の大きな力は、職員の細かい配慮のもとに、私のように自営の人間にとっては、目をみはるばかりでした。主婦の集まり、子供達の集まり、各サークルの人達の傑作の数々、悠々自適の先輩の方々。数少ない男性もいます。障害のある人達も参加します。

皆さん本当に情熱に燃え、張り切ってそれぞれの能力を発揮し、発表・展示に労をいとわずとりくむのを見ていると、人間はステキだなと思ってしまいます。ただ見に行くより、自分もやってみると、失敗や思い残しはあっても、やって良かったと本当に感じます。


その8〈公民館の職員は、色々教えてくれます〉

公民館の職員に、なんでも聞きましょう。公民館に入ったら、事務室の窓口で一言「こんにちは」

と言いましょう。何事もそこから出発です。そして、なんでも話してみましょう。親切に教えてくれます。

◆部屋を借りるのにはどうしたらいいでしょうか　◆何か新しい講座がありますか　◆こういうことに興味があります、どうしたらいいですか　◆どういうサークルがありますか　◆これから新しくサークルを始めたいのですが、人集めに協力してください　◆本を借りたいので、手続きをしてください　◆大きなやかんを貸してください　◆私達の会議に同意して進め方を指導してください、助言をお願いします　◆サークルがつぶれそうです、どうしたらいいでしょうか　◆子供会の行事にきていただいて……を指導してください　◆ひまがありそうなら、世間話の相手にもなってくれるかな

その他にも色々あると思います。

その９〈私の場合〉
サークルでは

「君津音楽同好会」というのが、私の所属しているサークルでした。音楽の地域文化の向上というのが目的で、鑑賞会とか演奏会をやっていました。

ピアノ教師というのが私の仕事で、毎日生徒とピアノに向かっていて、家庭も厳しい状況にあって、毎日が本当に大変でした。「仲間」という人間にうえていました。

私達の活動と共に、公民館の講堂にピアノが入りました。音楽にいのちを賭けていた私と趣味でしている人とは、かなりの差がありましたが、いかに自分が人と違う所を持っていたかというのが、よ

くわかったものです。

サークルも、年を重ねるにつれて変わっていくものですが、私達の同好会もリーダーの意見で分裂し、「君津音楽協会」と「君津音楽同好会室内合奏団」に分かれました。私は合奏団の方で、演奏するのがメーンの方をやっています。

機関紙「あんさんぶる」も発行し、サークル誌ではありますが、公民館に置かせてもらっています。いつも職員の方々から、あれやこれやと感見を聞かせてもらっています。

文化祭では

また、文化祭（音楽祭）においては、発表だけでなく企画・構成・プログラミングと多方面にわたり関与することができ、私共音楽を職業としている人間にとって、どれ程の勉強になったかわかりません。

室内合奏団と文化祭の音楽祭から得た体験が、私のライフテーマである音楽療法（障害のある人に音楽を通じて、その障害を改良しようとすること）につながり、貴重な資料を提供をしてくれます。

公民館運営審議会委員

もう一つ、私にとって本当に血となり肉となったことがあります。それは、公民館運営審議会委員という役職になったことです。審議会の会議は、公民館の職員と委員の学校長・市議会議員・婦人会・子供会育成会・青少年相談員・公民館利用者などの代表で行われます。

今までは、音楽関係者だけの付き合いでありました私にとって本当に地域社会との窓が一つ開かれたようなものでした。委員の方々の長い間の経験と一人ずつの個性ある意見、それをまとめる委員長、またあいさつをする釜津館長の言葉の使い方。その都度、本当に楽しみで、皆さんは私の先生でありました。

また、それまで公民館は市民がお借りするものと思っていた私の公民館に対する意識が間違っているということもわかりました。また、お勤めということを全く経験していない私にとって、会議の進め方を教えてくれたのもここでした。

たとえば、・職員の資料の作り方　・あいさつの順序　・時間の配分　・議長の役割、進行、まとめ　・公民館側の役割　・私達委員の役割　・会議結果の成り行き等です。

君津中央公民館開館20開年記念事業の中で

そうしているうちに、私の在任の終わり頃、君津中央公民館開館20周年記念事業という大イベントがありました。そこで同じ委員の方々の賛同を得て、君津で初めての「みんなで聴こうオーケストラ」という演奏会を、私が事務局長ということでやらせていただきました。

１００万円をはるかに越える企画で、公民館としてはおっかなびっくりのものでしたが、何度も挫折の危機にみまわれながら、実施の運びになりました。当日までわからない水ものの演奏会ですが、なんと60万円という大金が残る大成功を収めることができました。チケットは１０００円で、市民体育館に足を運んだ方は約１７００人にのぼりました。

ニューフィルハーモニーの指揮者・伴有雄氏の「たとえ金額はいくらでもとにかくやりましょう」という力強い言葉があってこそ踏み切れた演奏会も、予定の額を支払うことができました。今は亡き伴先生の一言が、私達をどれ程勇気づけてくれたかわかりません。

君津の文化を育てる会の発足へ

多くのサークル・市民の参加で大成功を収めた演奏会の余剰金は、１年近くの苦慮の末、君津にはない文化ホールの建設運動と、その内容である市民の文化活動のふくらみをめざす『君津の文化を育てる会』の創設へとつながっていきました。

この会には、委員を同じく任期終了した間地さん、篠田さん、そしてともにはげまし歩んだ公民館の八鍬さんも同行の志となりました。20人位で始まった会も、1年で40人を越えました。今、私達の「育てる会」は、盛りだくさんの新・珍企画でバリバリと進んでいます。

これらは、全て皆さんの能力と意見と参加と公民館があっての産物です。

私の人生の中の位置として

本当に素晴らしい意義のあった8年間だったと、思わずにはいられません。

今振り返って、私の人生の大きな危機であった時期を、なんとかほうり出さずに立ち向かってこれたのも、こうしたワンクッションを生活の中にとりいれることができたことが、最大の原因と思っています。そして、ある公民館職員が言った「人は迷惑をかけあうから、なりたつのです」を、いつも頭の中に入れながら、前に進んできました。

その10〈君津中央公民館のスローガンと方針は〉

参考に君津中央公民館のスローガンと基本方針を紹介します。

〔君津中央公民館の活動スローガン〕

◇ともにはげまし、伸びあう〝光〟公民館を！

◇暮らしと地域に仲間の和（輪）と活力を！

〔基本方針〕

1、楽しく集い、語らい、交流する場と機会を豊かにしよう
2、市民の学習、文化、スポーツ活動の拠点としての役割をたかめ、地域文化の創造発展に寄与しよう
3、公民館の役割をたかめ、活動を発展させるにふさわしい施設づくりをすすめよう

【終わりに】

これで公民館活動は卒業という訳ではありませんが、一応のまとめ（区切り）として、記してみました。一人でも多く積極的に公民館を使い切る人が増えることを願って、ここに公民館の機能、施設、職員の方々と私を育ててくださった多くの方々にお礼を申し上げ、筆をおくことにします。

１９８６年2月7日　記す

♪音人広場《おとひろば》あれこれ

ミュージックセラピスト協会では、設立当初から協会情報誌として年2回、1月・7月に会報「音人広場《おとひろば》」を広報部で発行してきました。この会報は、会員居住地が各地に散らばっているために、協会活動を共有出来る情報交換交流の場として役立っています。

特に2020年から続いた新型コロナウイルス感染拡大の緊急事態発令によるコロナ禍は2年以上に渡っており、その間、音楽療法の実践現場は多くがストップ状態となりました。協会でも総会は書面議決、セミナー等も可能な範囲でオンラインｚｏｏｍを取り入れました。実際に顔を合わせる機会が急に少なくなりました。これは誰も予想しなかったこと、これまでに無かったことです。

コロナ禍の間、協会会員の気持ちを何とかつなぐ手段としてこの「音人広場」が活躍しました。

『わたしたちの心は音楽と共にあります』
『そして音楽は心に届きます』
『音楽は心に響きます』

『これを忘れずにコロナ禍を頑張って乗りきりましょう』

これをスローガンとして、継続してきました。

おかげさまで、今年（令和5年1月）で28号になりました。創刊号から編集担当者も代々引き継いで、ここまで発行してきています。

主な内容として、基本的には、理事長の時流を捉えた挨拶文が1ページ目、それに引き続いて協会活動報告（講座、セミナー、勉強会などの報告や参加レポート）、学会参加者報告、などです。

また、担当者がその時その時で、誌面に工夫をこらしています。

最近の内容では、「会員お便りコーナー」や「シリーズ・笠嶋先生のつぶやき〜音楽療法のあれこれ〜」は、新しく取入れたコラムで、会員の皆様から好評のご意見をいただいていると感じています。

それに、出来るだけ写真を記事に合わせて載せるようにすると、内容に興味を持って読んでもらえるかな…と思っています。

編集校正のレイアウトにも色々工夫するように心がけています。

ここ何年かは、この編集レイアウトを、現在は会員の中のパソコン操作のお上手な方にお願いしてお力を貸していただき、大変感謝しています。

でも、毎号の編集にあたり一番大変なことは、原稿の依頼です。会員の方が広報部からのお願いをすんなりと受けてくだされば問題ないのですが、そこがなかなか大変なことです。原稿内容のテーマについて「気軽に難しくなく何でもお書きくだされぱいいです」とお伝えするようにしています。あまり何回もお願いしたりするのも、会員の皆様のご負担になってしまわないか…と気になってしまいますので気をつけるようにしています。そこは、ケースバイケースかな？　です。

編集担当者としては、これからも毎号、会員の皆様にお読み頂ける「音人広場」の発行を続けていけるようにと思っています。

最後に補足部分として、次をいくつか付け加えたいと思います。

①「編集後記」抜粋したもの→これはその時の社会情勢もあらわしています。

②「笠嶋先生つぶやきシリーズ」→好評ですので、4回分載せます。

①編集後記（いずれも泉水直子記のものから）

・25号→本誌は25号を迎えました。協会の活動は創刊以来、音人広場と共に歩んできているのではと思われます。その時その時の社会情勢、世の中の変化も感じられます。この度はずっと続くコロナ禍とそれに伴う協会活動の変化に焦点が当たっています。今回より新連載コーナー『会員お便りコーナー』に投稿してくださった方々ありがとうございます。『笠嶋先生のつぶやき』を始めました。如何でしょうか。皆様にお読み頂ければ嬉しいです。

・26号→w・i・t・hコロナでの生活は2年近くになり、多くの変化が生じました。

その中での協会活動に触れ、会員皆様から色々原稿をお寄せ頂きました。10月緊急事態宣言が解除されて新年を迎えます。このままコロナ禍の終息を願うばかりですが、どうなりますでしょう。

・27号→新年度は、理事長と副理事長の交代で新体制での協会活動となりました。コロナ禍の状況を見ながらですが、少しずつ回復が感じられています。一日も早く会員の皆様との距離が近づくのを願うばかりです。

・28号→『コロナ禍』もそろそろ終息の兆しかな…と感じつつも、第8波とかオミクロン新株とか、何か分かりません。そんな中、with コロナでの協会活動を続けています。世の中の色々行動制限がやや緩和され11月に対面講座を久々に取り入れました。やはり音楽療法は対面講座ですね!! 待ってました…と講座に参加者が集まり、とても良い時間を共有出来ました。改めて対面で行なう大切さを認識新たに実感致しました。少しずつでも今後の対面の機会が持てる事を期待しつつ…です。

②「笠嶋先生つぶやきシリーズ」連載中4回分載せたいと思います。

♪笠嶋先生のつぶやき〜音楽康法のあれこれ〜

第一回　松井紀和（まついとしかず）先生のお話です。

松井先生は今年91歳になりました。私とは11歳違います。

先日の本『音楽療法ものがたり』をお送りしましたら、「まだまだ忙しく動いています」とのお薬書を頂きました。

私は1981年ころから先生を存じ上げており、様々なご指導いただきました。まだまだ音楽療法の言葉ももちろん、実践者も少ないころのことです。

私は宇都宮の遠山文吉先生（芸大声楽出身。すでに久里浜で音楽療法を実践していました。児童の分野で有名な方です）から松井先生の日本臨床研究所主催の勉強会【音楽療法セミナー】が山梨の河口湖で行われているとききました。

そのセミナーはとても有名なのと、他に勉強する場はなかったので、全国から多くの方が河口湖をめがけて、また松井先生を目指して集まってきました。

大体150人くらいはいたとおもいます。音楽療法の大合宿という感じでした。今現在、日本音楽療法学会で活躍している多くの先生がたのみなさんが参加していました。志を一つにして、夜な夜な、熱く、音楽療法とは何かを語り合ったものです。

そして、1985年に松井先生を団長として、米国音楽療法視察団が結成されて、私も参加することができました。私の父親が亡くなる1週間前に帰国しました。視察団は2週間の内容でした。そして私はがっかりして帰ってきました。

(40年前) 笠嶋道子と松井先生
カンザス大学教育学部前にて
オホホ

理由
1　米カンザス大学音楽療法の学生があまりにもピアノ技術がなかったこと。
2　仕事についても、多くのセラピストは止めてしまうということ。
　　責任がおもい
　　給料が安い
　　仕事がきつい
　というのが理由でした。
それは今でも変わらないかな…。
1か月たってようやく奮起しました。やっぱりこの道へ進もうと。
ではまた続きを書きます。本日はここまで。

君津にて　暑い日です　2021年5月15日

第二回　松井紀和（まついとしかず）先生の教えです。

米カンザス大学視察から自宅に戻り、熟慮した結果、しばらくして、児童のセッションから始めました。自宅里山続きに、就学前の障害児通園施設があり、そこでボランティアとして音楽を始めることでした。週2回、無給です。

自分はこの仕事が好き、そして、音楽の力の有効性を確認したからでした。

松井先生にスーパービジョンを受け、沢山の事を教わりました。以下、皆さんにもお伝えします。

1 直感を大事に。
2 来た音楽療法の仕事は断らない。
3 歌唱伴奏は、ベースをしっかり弾く。
4 精神科技法は、楽しければ良い。
5 セラピストとしての成長は仲間から。
6 医学、心理学の専門知識は不要（知ったかぶりしない）。
7 参加観察…一緒にやって天井から見ている自分がいる。
8 論文指導受けても、最後は本人の意志で決定し責任を持つ。
9 教えない指導、考えさせる指導が大切である。

10 提出物、論文提出は必ず時間厳守する。
11 知的障害児の発表は難しい。後に変化が起ったりする。
12 脳には、レジャー細胞がある。↓ヘップの法則
13 教わるときは、疑いを持たずに聞く。たとえ「空が緑で」と言えども。
14 あるがままの姿を伝えるように、努力する。
15 正確な情報は少ないので、自分の目で確かめる。
16 美しい音色の楽器を揃えた方が良い。
17 一定期間まとめて振り返ると良い。
18 一つか二つの焦点を決めて、その変化を捉える。
19 余計な言葉はできるだけ少なくして、簡潔に語りかける。
20 沢山の治療目標は混乱を起こすだけである。
21 外国の技術の直輸入は、考えものである。
22 よく見、よく聞き、そして感じることが大切である。
23 「快」がない治療は効果がない。
24 意外なことは、とても大切なことと思った方が良い。

笠嶋に関して

自宅レッスン室にてのスナップ
0歳から始めた浦辺夏希君です。もう25歳になります。近頃は来ませんので会えません。

＊ダンプのような人。
＊ダメな人を理解するように。
＊日本でも5人の中にはいるセラピスト…と云ったとか（うわさ）。
＊音楽技術に関して一度も指導がない。

君津にて　まだ残暑が続いてます　２０２１年9月30日

第三回　松井先生語録「心理療法かるた」より抜粋

1　怒りを抑えることは心の自殺に等しい
2　世の中の出来事に敏感でなければならない
3　余計なおしゃべりなことは止めて、大切なことを簡潔に伝える
4　うわべをとりつくろっても見抜かれる。正直に付き合ったほうが得策
5　うさばらしの要らないひとはいない
6　良かれと思ってやったことでも恨まれることがある
7　分かったことと分らいないことは明確にする
8　能動的と受動的を使い分ける
9　恨みつらみは尽きることがない
10　眠ることへのこだわりは安眠を妨げる

笠嶋も真似しました。
←

か　楽器は良い音が大事

さ　さんざん付き合っても障害がなおることはないが　身内　親戚のようになれる

し　時間厳守はとても大事　対象が時間を守れるようになったらうまくセッションが認識されたと思う

ま　間が分かると合奏ができる　リズムにあわせられるのは　コミュニケーションの最初である

み　見ただけで　対象者の状態が分ると　セッションの始まりが楽

ち　治療とは音楽療法では楽しくやれた時に何かが変わる　Ｂｅ Ｗｅｌｌ

こ　こんな歌あんな歌もみんなできるようにしましょう

第四回　音楽療法して良かったこと

1　愛する音楽をずっと続けられたこと。

2　音楽する価値は上手、下手ではなく、役に立つかどうかであることが分かったこと。

3　私自身の幸せは、物でなく、自分の音楽が人と通じあったことを感じた時。

4　音楽で対象児童や、障碍者やその他の人々を変えることが出来たと思った時、そのことが施設関係者・家族・病院など人々に、分かってもらえた時。

5　多くの人と音楽を共有できたこと、地域の皆さん、様々な人とでき、また参加型コンサートで、客席の人が感動し涙したという話を聞いた時。

6　自分の人生で困難に遭遇した時、世の中の苦労を乗り越えた人と多く接して、自分の力となったこと。

セッションをするのは自分のためになっていると思った時。

7　20年以上セッションしている【めぐみさん】が35歳になり、それまで母親と同室で行っていたのが、一人でセッションができることになったこと。

成長を感じ、そろそろ自立の方向を検討できるようになったこと。

発表会では『森のくまさん』を一人で歌えたこと。

♪発表会ステージで歌うめぐみさん

♪セッション

覚えてるじゃない、体が

有料老人ホームの月1回のレクとしてセッションを行っています。この日は参加者28人、去年の6月のセッションです。

始まりの歌「富士の歌」を歌った後、「今、何月ですか?」と聞くのですが、答えられるのは1~2人です。初夏で梅雨であるということから「あめふり」を歌います。皆が知っている曲なので、足踏みをつけたり、4拍目だけ手拍子を入れたりしますが、何回もやっているのでだいたい出来ています。季節の歌が終わると半ばで「ジェンカ」の指体操をやりますが、あえて「指体探します」とは言わずに終わり2小節を前奏として弾くと、その間に手を前に出し曲が始まると「1＊2＊3 4 5」「6＊7＊8 9 10」と皆で歌い始めます。中間部で解らなくなっても初めに戻ると、ちゃんと「1＊2＊3 4 5」とやり出します。80歳過ぎの女性Aさんはかなり認知症が進んでいて、弟さんが面会に来ても解りませんが、セッションには必ず参加されていて、上手に指を動かして今回も完璧でした。音楽の持っている力に感動してしまいます！

「雨降りお月」は老人施設用の「月刊デイ」と言う月刊誌に体操が載っていましたので、雨の季節になると歌体操をします。「雨降りお月体操覚えてる？」と聞くと全員首をかしげますが、ゆっくりと歌いながらやっていくと、中間部の「シャラシャーラー」の所では大半の人が手を挙げて体操しています！「覚えてるじゃない、体が」と言うとまた皆で大笑いです。「東京音頭」では皆に鳴子や鈴を持って頂いての活動です。CDをかけると、前奏が鳴っただけで鳴子をふり始めます。「やーとなソレヨイヨイヨイ」では何も言わなくてもそのリズムの通り拍を取ります。最後に「ふるさと」を歌って、皆様のふるさとの話しを聞いたりします。来月の予告をして、皆拍手で終わる事ができます。

今の老人ホームでも以前の様に皆様が楽しみにしてくれる様にやれたらいいと思っています。

どのように音楽療法と関わりをもったか

私は音楽大学声楽科を出て、20年間音楽教室をやっていました。少子化で生徒も増えないでいるところ、友人の薦めでヘルパー2級の資格を取ろうと思い申し込みました。その直後に生徒達が辞めてしまい、教室は閉鎖となりました。平成17年2月の事です。ヘルパーの資格は平成17年6月に取得して訪問介護の仕事をしていました。訪問だったので、そのお宅に行って排泄や食事・掃除の支援をしていましたが、今までずっと関わってきた音楽から離れてしまうのに抵抗があり、半年後の平成17年11月からはデイサービスも平行して行なっていました。

平成20年12月に北千住のカルチャーセンターのチラシに「音楽療法」があったので、直ぐに申し込みました。それが笠嶋先生との最初の出会いでした。そのセミナーが終わる時にミュージックセラピスト協会を立ち上げると聞いて、直ぐに申し込みました。多分1期生です。それから色々なセミナーに出席したものの、正社員として介護士をやりながらの学びなので、セラピストの試験を受けたのは平成28年頃になっていました。笠嶋先生から直接電話を頂いて「今回受けないの？」と言われ決心しました。その時は有料老人ホームに勤務していたので、施設長の許可のもとクライエントは直ぐに見つかり、Aさん、Bさん、お二人を対象にセッションを30分~40分程10回行い、それぞれの様子をノートに記録してまとめました。中野のグループホームや鎌倉のデイサービスで実習をさせて頂き、セラピストになってからは今の有料老人ホームで月1回のセッションを行なっている次第です。

私の課題は今の高齢者に合った、新しいプログラムの取り組みです。

施設での初めてのセッション

先日、この施設では初めてのセッションを行う事が出来ました。8月に柏の施設から移動して、ここ野田の施設ではコロナの影響もあり、セッションを行うのに7か月かかってしまいました。

「春の小川」「早春賦」など季節の歌から始まり、「ジェンカ」の指体操「北国の春」の歌体操等、無事に終わる事ができました。精神疾患のある男性Aさんが以前から「瀬戸の花嫁」のリクエストをされていたので、季節にかかわらず、クリスマス会でも皆で歌いました。今回はセッションとしては初めてだったので、あまり沢山の曲を入れずに行ったのですが、中間部でやる「ジェンカ」は皆様頑張って下さいました。認知症のある女性Bさんも、手の振戦のある男性Cさんも参加されていました。Bさんは普段は自分の部屋も解らなくなってしまう方なのですが、指体操はとても上手で、前に出て体操のお姉さんをして下さいました。「瀬戸の花嫁」をリクエストされたAさんは、指示棒で歌詞を指して下さったり、初めてのセッションにしてはまずまずだったのではないでしょうか。ただ私は大声を出しすぎて、扁桃腺を腫らしてしまい、声も枯れてしまいましたが。ここの方々は今まで以上に耳の遠い人が多いので、頑張って叫んでしまいましたから…。職員の方も初めての指体操、歌体操の割にはよくやって下さったので、今後も月に1回やる事となったので楽しみです。ただ以前、長谷部先生がおっしゃられていた様に、もう時代は「青い山脈」や「丘を超えて」ではなく、こちらも新たにニーズに合う曲を発掘していかなければと思いました。

私と音楽―毎回チャレンジのセッションへ―

私は、大学進学のために上京するまで、両親と兄の4人家族で仙台に住んでいました。3歳の頃、ピアニストが演奏している姿をテレビで見るたびに「ピアノ欲しい」と言っていました。裕福な家庭でも音楽に関心がある両親でもありませんでしたから、買ってもらえるなどとは全く思わずに軽い気持ちで言っていました。

最初に買ってもらったのはおもちゃの赤いグランドピアノでした。そのピアノで一人で遊んでいるうちに、〝どんぐりころころ〟や〝チューリップ〟が弾けるようになり、おもちゃで物足りなくなって近所のピアノを持っているおうちにいりびたりとなり、ついに親は本物のピアノを買ってくれました。

ピアノを習い続けて、高校に入学した時点で有名な先生につきました。しかし、その先生を好きになれず、習うこともつまらなくなり、高校3年に進級するときにやめてしまいました。

その後、東京の大学へ進学し、次第にピアノからは遠ざかり、大学卒業後コンピュータの仕事につきました。音楽を聴くのは大好きで様々なコンサートへ行くのを楽しみとしていました。しかし、『自分にとって子供のころから大切なものだったピアノを捨ててしまった』という傷が心の底にあり、ピアノのコンサートだけは避けていました。

ピアノから完全に離れて20年ぐらい過ぎたとき、「ピアノを再び弾きたい」と思うようになり、とうとう電子ピアノを買って弾き始めました。子供のころに弾いた曲を弾くと、涙がこぼれました。仕事から帰ってくるとすぐにピアノに向かい、休みの日は何時間も弾き、ピアノから離れていたブランクを埋めるためにピアノのＣＤを聴き続ける日々が続きました。

そのうち、音楽に関わる仕事をしたいと思いが募り、「今更無理　絶対無理」と自分に言い聞かせてもあきらめることができずにいました。

そんな時、ある引退していた統合失調症のミュージシャンと知り合い、その人の音楽に魅かれた私は「カムバックしたらマネージャーするね」と言っていました。そしたら思いがけずその人はまもなくカムバックしたのです。私は会社勤めをしながら、合間にライブ、レコーディングと、熱望していた音楽の仕事に関われて夢のようでした。そして、病気の故に死んだようになっていた人が、音楽活動で息を吹き返し、みるみるうちに活き活きとしていくのを目の当たりにして、音楽が与える影響力の凄さを知ったのです。

しかし次第にそのミュージシャンはわがままになり、統合失調症という病気のせいもあって、マネージャーとしての精神的負担は大きくなりました。私は疲弊し切って体を壊して入院することとなりました。この時、呂律がまわらなくなり指が思うように動かなくなりました。脳が舌、指に指令を送ってもその指令が途中で止まって思うようにしゃべれない、字が書けないという状態、病気で体の自由が利かなくなった人の状態を身をもって理解することができました。退院後、発語はリハビリに通って治り、指は普通に動く状態には回復していたのですがピアノは弾けず、無理やり弾いて自分で治しました。

結局マネージャーは2年もしないうちにやめてしまいました。

その後、「もう音楽の仕事をすることはないだろうなぁ」と思っていたとき、音楽療法というものがあることを知り、興味を持ちました。日曜日の礼拝に通っていた教会に行って、知人に「音楽療法の勉強がしたいと思っている」と言ったところ、彼女はすぐに自分の友人で笠嶋先生のもとで勉強している牧師夫妻を紹介してくれました。それが、MT協会に入るきっかけです。

東京で2年間音楽療法を学んだ後、実家がある仙台に戻り、しばらくしてから高齢者デイサービスでセッションするようになりました。

人前で話をするのはとっても苦手でした。でも、それは思いがけないことで克服できました。ヒット曲・そのときどきのブームに興味がなかった私ですが、初めてあるアイドル（デュオ）の歌に心地よさを感じ、彼らのライブをＹｏｕｔｕｂｅやＤＶＤで見続けていたのですが、ある時セッションで軽くしゃべっている自分に気づいてびっくりしました。彼らのＭＣに影響されたのです。そして、それまで『アイドルの歌なんて』と思っていたのですが、自分がアイドルの歌から療法的効果を得たことで〝目からうろこ〟となりました。人によってどんな音楽が療法になるかはわからない、私が自分の好みの音楽で決めつけるべきことではないと気づかされました。

『高齢者にもチャレンジする意欲がある、新しいものから受ける刺激も嬉しい、知的欲求心もある。向上心もある。認知機能が衰えているからといって、簡単なことだけ、良く知っていることだけを提供したり、なんでも褒めるだけでは失礼』と思っています。楽器演奏や歌が旨くいかなかったときは、少しアドバイスしてからもう一度やり直します。そうすると満足して顔がほころびます。

口腔体操として、有名な俳句や和歌を使うことがあります。５７５７７でバラバラにして紙に書いたものをホワイトボードに張り、完成させてもらってから音読します。

早口言葉は昔からあるものだけではなく、新しいものをたくさん紹介して使っています。最近の早口言葉は面白いらしく、笑って挑戦しています。

歌唱の際は歌の背景、作曲家・作詞家についても紹介しています。歌はいろいろ、基本的には一度歌った歌は翌年になるまで歌いません。輪唱もとっても好まれます。競争心に火が付いて（競争ではないのですが）負けまいとして歌声が大きくなります。

ミュージックベルと歌詞カード（鳴らす箇所を○で囲んである）を渡して歌いながら鳴らしてもらいます。ピアノの伴奏無しで歌とベルのみにすると、ますますやる気を出してベルの音も歌声も大きくなります。

セッションは私にとって毎回チャレンジです。

受け入れてもらえるかな？　この歌は歌えるかな？

いつもドキドキしながら始めます。

雪に感謝の初冬のセッション

11月下旬のデイサービスでの音楽療法でした。前日は、まだ11月というのに雪が降り、施設に行く道端には、まだ雪が白く積もっていました。この日は、前日とは打って変わっての秋日和。さて、お昼を過ぎて、みなさん落ち着かれた様子を見計らい、セッションです。時間は、13：30～14：45（お茶休憩5分）その日は、要介護1～3の80～90歳前後の高齢者25名で、内2、3名は、車いすで参加されていました。目標は、①晩秋、紅葉の季節の認識と②歌とリズム指示受け入れによる活性を促す、でした。

職員の声掛けで、ＭＴ（私）のあいさつ「みなさんこんにちは、今日は、とっても良いお天気ですね。昨日は…」まで言うとあちこちから、「雪が、降った、雪だった」と声が掛かり、みなさんの驚きと感動が伝わってきました。あいさつの歌（「ウサギと亀」の替え歌）、ウォーミングアップ「富士の山」で体をほぐし季節の歌です。昨日の雪を思い出し、手拍子で歌いました。みなさんの表情と伝わってくる手拍子のリズムで、MTも昨日の雪に感謝する思いでした。そして手拍子をそのまま次につないで「どんぐりころころ」です。回グリと手拍子2回で歌います。無伴奏でMTと一緒です。「回グリは、手から肘まで全体で回グリすると良い運動になりますよ」と言って行いました。まず1番でストップして「みなさんお上手ですね。みなさんなら逆回転も出来そうですねぇ、2番では、逆回転で回グリをやってみましょう」と言って2番で回グリを逆回転させます。すると、高速回転される方がいて、お顔は、得意げで「素晴らしい」とMTが言うと、笑顔が素敵でした。私も本当は、肘まで入れた回転を、と言うのをグッとのみ込み、達成感を共有しました。

次は、今本番の「紅葉」この日は、みなさんの反応も良かったので、一度歌った後、職員のお手伝いを頂き、利用者を真ん中で区切り輪唱に挑戦しました。利用者の声が、少しずつ大きくなってつらされる方もありますが、最後まで歌いきることができました。休憩後、民謡「花笠音頭」を鳴子と鈴をそれぞれにお渡しして、パーランクも「どなたかご協力頂けますか」の呼び掛けに手が上がり、みなさんで調子良く歌いました。「ヤッショーマカショ、シャンシャンシャン」は、その声の大きさもさることながら、どの方も満面の笑みと共に楽器を鳴らされていました。次は、なじみの歌「いい湯だな」施設の名前を入れて歌い、「りんごの歌」では、最後に「ヘイ！」を入れて歌いましたが、私が、「ヘイ！」のタイミングを上手く伝えられなかったので消化不良になり「りんご可愛や、可愛やりんご」からもう一度やって頂き最後のりんごの「ご」を3拍のばして「ヘイ！」を入れました。すると声と共に手が上がり、みなさんの満足げなお顔が見られ、ホッとしました。続いて「鈴懸の径」で大人の雰囲気をと思いましたが、MTのピアノの伴奏、大切な和音を外してしまい、私的に満足いきませんでした。クールダウンに「花は咲く」のサビの部分を歌い、終わりの歌をみなさんに出身地を尋ね、それぞれに思いを馳せ「ふるさと」を歌って、この日は終わりました。

音楽療法が、人と自然との深い関わりがある事を再確認させられ、私の音楽療法の学びは、これからも利用者さんの笑顔に支えられている事、深く感じました。

音楽療法へのきっかけ

私は、音楽、絵画、など芸術をこよなく愛する父と洋裁職人の母、兄と祖母と5人家族で暮らしていました。勉強しなさいと言われることは一度もありませんでしたが、ピアノ、学校の成績、書道と、何をするのにも兄には敵わなく、得意なものは、体育、音楽、美術でした。父は、明日学期末テストという夜にも、テレビの前で「この映画は、テストより大事だから見た方が良いよ」と言うような、ユニークな家庭でした。ある日、ピアノの先生が変わり、音楽大学を目指そうかと考えていた兄に「あなたのピアノは、真面目過ぎて面白くない、ピアノは、趣味で良いです。妹さんは、面白いから妹さんなら」と、それこそ趣味にもならない私のピアノを褒められて、私の脳は混乱しました。それから「兄に勝るものがあるんだ」と自信をもらい、少しピアノに力を入れ声楽を学び、大阪音楽大学短期大学部声楽学科に入学しました。それ以降ピアノは、学び続け、ピアノ教師を続けていました。

そんなある日、長年のピアノ友達から音楽療法の伴奏を頼まれました。それは、高齢者の介護予防で、地域活動の一環として行われるものでした。セッションは、一度に100人近い人を対象にし休憩を挟み2時間やり切ります。セラピストは、お話がとっても楽しく、笑いの絶えないセッションで、終了後は、色んな方から「本当に良かった、楽しかった、また来て下さい」と次々にセラピストに挨拶されて帰っていかれました。私は、何度もそれを目の当たりにし、参加者の生き生きとした表情を見て「音楽療法は、介護予防に欠かせないものだ」と実感し、音楽療法に興味を持ち、私も学びたいとそのセラピストである友達の紹介でセラピスト協会に入会しました。

介護職員初任者研修から介護職員として

コロナ禍でだいぶ影響を受けました。歌手活動と歌謡教室、音楽療法と3足のわらじを履いていた私は歌手活動が全くなくなり、月17回頼まれていた音楽療法も全くなくなりました。38年続けてきた歌謡教室も生徒さん方が高齢者が多いためほとんど来ない状態になり、今はようやく以前の半分以下ですが少し戻りつつある状態です。

このままではいけないと思い、介護の資格介護職員初任者研修（旧ヘルパー2級）を取得し高齢者施設に介護職員として働き出しました。働いてみるとなぜ音楽療法の希望時間が2時が多いのか？　また職員への誤解をしていた部分などが解けてきました。人間関係もそうですが相手側の立場に立つという事の大切さを学びました。例えば良かれと思い少し延長してリクエストを増やしたり、これは有難迷惑だったと気が付きました。介護施設の職員さんはとにかく時間で動いているんですね。1曲多く歌う事より時間に終わらせる事の方が喜ばれたようです。また私達音楽療法士は職員からクライエントのこんな笑顔見たことがないとか、この方がこんなにお話するなんてなどと言われる事も少なくないと思います。2か月程たって施設長から音楽療法の依頼をされ、働かせて頂いている施設で音楽療法をする事になりました。施設の入居者の顔は何時もと全く違いみんな笑顔です。そして楽しそうです。終了すると何時も新人職員をバカにしてお世話をさせて頂けない怖い入居者が、涙を浮かべ私に代表で花束を持って来てくれました。「今日は有難う御座いました。また来て下さい」と。そうです。何時もいる介護職員の私と気がついた方は20数名の入居者のうち誰もいませんでした。数日後2名の方に似ていたけどそう？　と聞かれましたが。

介護職員だと罵倒され、音楽療法士だと涙を浮かべて接して頂ける私達音楽療法士は本当に幸せですね。歓迎され喜ばれ音楽療法士の素晴らしさをしみじみ感じました。

怪我が原因で介護職は退職しましたが現在は精神障がい者、知的障がい者のグループホームで夜勤で働いています。彼らに寄り添い彼らが何を考え感じているのか、また今後の音楽療法に活きることと信じています。今だから出来ることをして、また音楽療法が今までのように再開し始める事を願っております。

音楽療法を学ぶことから―ある日に得られたこと―

今の職場は、まだそんなに働き出してキャリアはないのですが、次の様な新しい発見がありました。

自閉症の方からの食事のリクエストが無いのだと決めつけていた事、それに今まで聞くことが出来なかったことです。しかしそれを聞き出す事ができたのです。「本人がそんな事を言ったんですか?」と驚かれます。

筆者自身が音楽療法で培った技法の言葉の投げかけ次第で、本人の食べたい物、飲みたい物を聞き出す力が出てきます。観察力も一層プラスされたのかとも感じられています。

これらのことを利用して、新しい施設では、体験入居の方の観察をする時に、この方法を使い、報告をするようになりました。このやり方は入居をさせるかどうするかを判断する材料になっていると考えられています。

音楽療法を学ぶことから得られた関わりのノウハウではと思います。

PPさんの歌

ある日曜の午後フロアにキーボードを準備し、「これから音楽はじめますよ」と声掛けするとスタッフが車いすの利用者を誘導してくれます。ピアノが得意な50歳の女性が、アメイジンググレースを演奏してセッションは始まります。

続いておもちゃのチャチャチャをアカペラで歌いながらチャチャチャの所で手を叩き、ウオーミングアップ。他害のある利用者が、私のそばに来て、ユニホームの襟や髪を引っ張り、キーボードを叩く、コンセントを抜く、初期の頃は困惑状態でしたが、スタッフの見守りで進行できるように。毎回セッションの途中で、「私は歌えない」とピーピー泣いてる42歳の女性が音楽を止めます。「歌えてますよ」となだめてもまたピーピー泣き出します。今度は「トイレに行ってもいいですか?」で止まってしまいます。他の利用者はじっと再開を待ってくれます。「幸せなら手を叩こう」「365歩のマーチ」で皆で行進します。泣き声でなかなか前に進めないもどかしさ…。気を取り直して、「上を向いて歩こう」を歌いながら前向き感を促します。最後は「ふるさと」で終了。また、「歌えない」の泣き声で歌い直しです。

今日も全滅! ため息!

数日経った夕食後、私がソファーに座っているとピーピー（PP）さんが、私の前に来て突然、「君をのせて」を歌い始めました。ゆっくり、言葉を噛みしめて、私はビックリ仰天!今までにない感動を覚えました。心境の変化?

先日キーボード伴奏で、「君をのせて」を歌って下さいました。音楽と向き合う真の姿がこぼれました。歌えて良かったね。

今でもPPさんの泣き声は変わりませんが、音楽愛と皆さんの優しさに包まれ、支えられてセッションに参加しています。

これからも利用者一人ひとりの特性を理解し、音楽を通して、人としての関わりを大事に支援して行きたいと思います。

私と音楽との関わり

私が音楽と初めて関わりを持ったのは、13年前特養に介護士として入職した頃です。何も分からないまま飛び込んだ介護施設、不安ばかりの日々でした。初日、1週間、1か月、3か月…と時間は過ぎていきます。

「こんなに大変な仕事続けられるのか?」毎日クタクタ、体力は消耗するばかりです。ある時左のフロアにアップライトピアノがあるのが目に止まりました。施設にピアノ?? 今は苦しいけど、いつかあのピアノが弾けるまで頑張っていこうと目標を立てました。気持ちはピアノのことばかり…。どうすればたどり着けるのか? そう言えば以前歩きながら音楽療法士という職業が頭に浮かび、なにか関係してるのかな?

その後音楽療法士になりたいという願望が湧き、ある方の紹介でセラピスト協会に入会し6年かけてセラピストの資格を取得させて頂きました。しかし、音楽が好きだけではどうにもならない、理論と実践の難しさに脱帽!! でも希望を捨てずに前進。

音楽療法で出逢った人達は私の心の財産になっています。1番思い出深い利用者は、103歳の太鼓の名人の女性から「リズム感」の大切さを教えて頂き、100歳の30年間日記を書き続けた女性から言葉の大切さを学びました。それもこれも出逢いの素晴らしさを教えて下さったセラピスト協会の皆さんに感謝しています。

現在は、地元で障害者複合支援施設に移り、やっと支援と音楽活動ができるようになりました。障害の特性も様々、日々頭を抱えていますが、最近遊び心が大事かな？　と思ったりしています。

これからは、音楽＋私の好きな朗読も取り入れた支援活動をしていきたいと思っています。

いつも心に音楽を♫

♪音楽療法を始める方へお話したいこと

２０００年私は音楽療法士の資格を取るため、川越の国際音楽療法学院に入学しました。そこで笠嶋道子先生と出会いました。精神科の実習で見せて下さったセッションは「すごい」のひとことで圧倒されました。クライアントをぐいぐい引き込んでいく力、実習生を適宜に投入する方法、その50分に凝縮されていました。終わると先生は楽器の後始末、忘れもの点検、タクシーの手配と素早い指示を生徒にとばしました。学院から遠い施設に学生15名を引率していく体力もすごいと吃驚しました。その上私が２００２年3月学院卒業の時笠嶋先生がおっしゃられた言葉は、私の性格を変えるようなメッセージでした。

「ＭＴ士の仕事にするには、その手の学校や施設に飛び込み、就職を勝ち得なさい。音楽療法士資格を宣伝し、説明出来る様にして」

びっくりしました。企業に飛び込み営業をしなさいという言葉に、恥ずかしいと考えていないで、やらねばならないのです。

まず履歴書を携えて仙台医療福祉専門学校北斗の事務室に飛び込みました。すぐに人事課の課長にお会いできました。「今ネットで音楽療法士が仙台にいないか、探していたところ、文屋さんがきてくれました。タイムリーです。そのまま4月から週3日で勤務してください。報酬はいかほど上げたら良いですか、希望を言って下さい」即決でした。

音楽療法科をたちあげる準備にかかろうと考えていたそうです。

「まず幼児教育科立ち上げます。アップライトピアノを10台、グランドピアノを1台、練習室を10個室を作る設計です。そしてピアノ指導者を10人連れてきてください。それぞれの講師の給料を決めて言い渡して下さい。これは来年音楽療法科立ち上げをみこしています」

しかし1年勤務した後、立ち上げようとした音楽療法科は廃案になりました。音楽療法は国家資格ではないので学生募集は難しいから設置は見送りということです。国家資格になったばかりの言語聴覚士科が代わりに立ち上げられました。

本当に残念です。日野原氏が国家資格を約束してから3年の月日が経ていました。

現在、音楽療法士は国家資格になっていません。

ところが、どこででも無償であれば来て欲しいといわれます。無償の音楽療法ボランティアへの要請が多いのです。要請が有償であろうと、無償であろうと、要請が多いということは、必要ということの現れである。音楽家の未来を考えれば、ここでなんとか、仕事としての捉えかたを変えることが大事だと考えられないでしょうか。

引き受ける時、気分的に楽な方をとらず、また自分のことだけと思わず、音楽療法の将来を見据えて、正規雇用されるように、きちんと交渉できるように準備する必要があります。

労働基準局に電話をかけて、働くための法律上の知識も手に入れる必要があります。

常勤雇用がむずかしければ、非常勤としての年契約更新規定を確認するなど、その年の社会のしくみから、労働条件を知ることが大事です。こうすることで、側面から自分を守り、同時に音楽療法の立場をも確保することにつながると思います。

2004年4月から、非常勤という立場が守られるようになってきました。

この立場では1年非常勤として雇用されていたら、次年度の雇用がなければ、黙っていないで、「なぜ自分は継続雇用されないのか、継続雇用を望みます」とはっきり主張することです。社会の中で音楽療法士として働くためには、法律の流れを敏感に取り入れて自分を主張することを私は学びました。

音楽療法のセラピストとコセラピスト

どんな仕事にも2人で動くということがあるが、テレビニュースの助手を経験したことがあるわたしの経験で言えば、2人というのはとても仕事の流れには大きな条件と考えられます。テレビ局の助手時代です。

5月の連休が終わって観光客も1段落したころ、「菜の花が見事なら、取材するように」とのデスクからの指令がでました。汽船に乗って30分、桂島《かつらしま》経由で野の島《のしま》に降りました。今日は天気も上々。海も穏やか、潮風がここちよく吹いています。花を求めて丘を登っていくと、小高い畑に、一面の黄色が見えました。カメラマンは三脚を据えて、菜の花をアップに撮影します。しかし、花に寄ってくるはずの一番の立役者、蜂がやってこないのです。蜂が来るまで構えて待つ。なかなか来ない。

この島は他から蜂がくることはできない離れ小島で純粋な菜種が取れます。研究指定島です。野《の》の島《しま》は音楽療法で言えばそのセッションがおこなわれる場のようです。無駄に見えるものを片付けて音楽療法セッションの部屋を用意するのと似ています。

音楽療法にあたるセラピストは、予定の時間が大幅に伸びたりすることはないように気を使います。しかし、セラピスト一人だけではセッションの流れがスムーズにすることが難しいように1人より2人体制で、対象者に今日のセッションがどのように反映されたかをコセラピストが観察できるようにしたいものです。

どちらの仕事も理想的にいくように頭をフル回転、眼を最大限対象者全員を万遍なく観察しなければなりません。

しかし、たいていはひとりで、コセラピストも専属ピアニストもいない状態でセッションを行うことが多いのです。私を雇用した老健施設では私1人しか採用しませんでした。

セッションを締めくくるときに画竜点睛を行うのは、ピアニストがその場の雰囲気に合わせた音楽を奏でるようにしています。1人で行わざるを得ないので、ラジオ体操をつかいます。CDを使える環境でないので、ラジオ体操の曲を左だけで弾きながらあるいは右だけで弾きながら動作をして対象者の皆さんと体操をします。

1時間気をそらさせないように、プログラムを次々頭で編成し直しながら行います。

要するにセッションは自分一人で進めているのです。どんな仕事もたいがい、1人体制です。贅沢は言ってられません。

「良いセッションを維持するため、ピアニストを自前で雇わなければいけない」と教えられたにもかかわらずです。今、音楽療法は、仕事としてのスタイルを定められていないので、セッションはやはりボランティア的要素を払拭できないでいます。厳しい現実だと思います。当然、ピアニストをセラピストが雇えるはずもない。だから、せめて、一人で使命を達成するべく苦労している。使命というのは当音楽療法が対象者のためになり、これが発展する目標であることです。

さて、その日の菜の花は、蜂に逃げられたにせよ、夜の22時50分からの地方版ニュースに放映されました。菜の花畑が、島のこ高い丘の上一面に広がって、見事でした。蜂を待った努力はその画面にはみえません。しかし、カメラマン自身の、「来年のニュースには、蜂を登場させよう、もっと良い映像を撮ろう」という意欲は増大し、常に、「どうしたら蜂が撮影されるか、天候や時間に左右されるのではないか。あるいは、菜の花の咲く度合いによるのではないか。または、別なアングルはないか」と考えることとなります。

音楽療法士の今日のセッションの目的として、――対象の方が前回より元気になるように――としたとしても、それは実現しないことがあります。しかし、他の変化――例えば、笑顔が少し見られるようになった等が観察された場合、セラピストは効果を感じます。学術的研究報告では、笑顔の回数を数えその指標で、音楽療法効果を発表する研究もあります。

なにしろ、笑顔の回数が効果を顕すのであると気が付くことから音楽療法士としての第一段階を登ることとなるのです。

またセッションは自由参加なので、対象者の方がなぜ集まって下さるかも考えます。どうもあの方とこの方が親しくなることができる場面を提供しているようだ、と観察できることもあります。本来人はお喋りをすることで心理学では報償、報酬、を感じるということをいっています。

音楽を仲立ちとして友達になれるのは素晴らしいことと考えられます。

何回かセッションの経験を積むと、さらに微妙な変化を捉えられるようになります。

これが、専門性だと考えられるのではないでしょうか。これは、臨床経験回数をこなすことで、わかってきます

逆に、セッションの目的が達成できなかったと、意気消沈したりするのは、駆け出し時のセラピストによくあることです。その時は振り返り、状況把握をし、そしてとにかくくじけずに、回を重ねることだと思います。

音楽療法セッションのやり方とニュースカメラマンの取材方法が似ていることを述べさせて頂きましたが、準備も出来上がりも似ているものがあると思います。音楽療法対象者＝カメラマン対象ソース、音楽療法実践方法＝カメラマン時を待つ、音楽療法歌を共にする＝カメラマン助手と共にチャンスを生かすことと考えます。

ターミナルの父の許でのピアノが音楽療法の道に

私が、音楽療法の道に入ったのは大きな理由がありました。１９９９年父が手術を受けたのがきっかけです。手術直前80歳で退職し、悠々と暮らして病気を治すと思ったのに、そうはいきません。それから3度腫瘍摘出手術を受けました。介護保険など整備される前１９９８年、ですから私の生活は父の看護に時間を取られました。母はお金のある限り家政婦さんを雇って父を看ようと言い、それでも私の時間は限りなく、なくなっていきました。私は国立高専非常勤講師の音楽を1週間に2日、ピアノ教室を1週間に3日行っていました。

ピアノ教室の生徒に私がレッスンを行う家の中で、ショパンのノクターンが次第に形になっていく様子等を聴きながら、父は手術後ゆっくり過ごすことが生活になっていきました。１年後癌の転移が認められ亡くなりました。

その時図書館で眼にした小さな古い本が私に確信をもたせてくれました。音楽は人を癒し、また治療するというものです。櫻林仁（東京芸術大学名誉教授）著「生活の芸術」音楽の心理に興味を持っていた私がふと目にしたこの本が私の音楽療法の原点になりました。館外貸し出しができない本だったので、通って読みました。

思い返すと父の隣室で行っていたピアノレッスン、これが良い効果を与えたのではないかどうか、もっと内容を知りたいと思ったのです。

２０００年に私が入っていた日本バイオミュウジック学会は、臨床音楽療法学会と合併されて日本音楽療法学会となりました。日野原重明会長が説明にたちました。「国家資格を目指すのにはこのように学会を1本化するのが必要です」と。

しかし2023年3月25日現在、国家資格の兆しがありません。

2012年以来今現在まで、私は老健施設に非常勤として就職しています。ここでのセッションの数は11年×55週×2グループ＝1210回になります。その中、コロナ欠勤命令が出てクラスター発生のため休みを頂きましたので、6週×2グループ＝12を引くと1198回セッションをしたのです。思い返すと自分でも驚きます。毎週毎週行うということは、苦しい時もあります。自分の体を調整しながらここまできました。

年齢にあった曲で喜んで頂けたり、歌謡曲でも人気のある曲を歌える音程に移調したことで歌っていただけると、お年寄りの方々の柔らかな笑みがこぼれます。美空ひばりの「川の流れのように」「リンゴ追分」等、感慨深く歌って下さることが次の週への私のエネルギーになり、続けられました。

難聴の方への試み―紙カクセイ音楽療法―

A4の用紙を筒のように丸め、相手の方の耳元にあて、筒先で話します。簡単にできて対象者が知らない間に難聴に対応できることを確認しました。対象者にどのくらいのデシベルで届いているのかも計測しました。

この方法は効果が大きいのにどこでも行うことができ費用もかかりません。

毎週毎週60歳から100歳の方々と歌を共にすると、季節の歌、民謡、童謡、行事の歌、昭和の20年代から流行った歌を歌うことで、そこにおられる皆さんが心を共にすることができます。記憶をたどることができます。

音楽療法という方法で、懐かしい、ご存じの歌を、あるいはちょっとだけ記憶にある曲を、拡大して元気を出して頂くことができます。

私の雇用条件は毎週老人施設でセッションを行うというものです。非常勤講師で就職しました。5年目にやっとリハビリ課の音楽療法士という職名になりました。11年間同施設におります。

100人の大所帯を50人グループに分けての8時間勤務です。それぞれの曲の練習は勤務時間内にはできません。2日前、前日に家でやってきます。現場での準備はクラビノーバの運搬と黒板の移動です。この運搬は私が圧迫骨折をしてしまうかもしれないと恐れながら運んでいます。また季節の童謡、なじみの曲を聞くことでリクエストも行います。中には全くの個人としての好みの曲なので、他の方には知られてなく、廊下で歌うこともあります（「千の風にふかれて」震災時にながされていた「花は咲く」等嫌う方がいる一方、聴きたいという方が2手に分かれた曲）。

当施設に入所の方々は東日本大震災の2011年3月11日、東北地方の各海辺の街で津波を眼のあたりにしました。人々は抗うことのできない災害にあいました。

その時家を失ったりしたお年寄りの方々が入所されたのは、全員ではないのですが多くおられます。

お住まいだった地域は広範囲です。民謡を歌う時は様々な地域の曲になります。私が民謡の練習が間に合わないとき、私は聞き役です。見事な謡いっぷりで素晴らしいことが多いです。青森「弥三郎節」、釜石「釜石浜歌」、岩手「外山節」、山形「花笠音頭」、宮城「さんさしぐれ」「大漁唄いこみ」、福島「会津磐梯山」手拍子が入り盛り上がります。力がこもります。力強い歌もみなさん好きで、村田英雄の「王将」、またしっとり系も地元の歌手フランク永井の「有楽町で逢いましょう」「ああ人生に涙あり」はボレロにのって合奏、チャチャチャなどなどです。


花子さん89歳は、入所されてから音楽の時間は必ず参加されています。紙カクセイを使ってのお話です。55回×2年間＝110回出席されました。出席は強制されなく、まるで自由意志です。

お部屋から歩いてこられます。長い廊下は歩くリハビリに最適です。

花子さんは小さなお体からよく声が通り、とくに童謡ははりきって声を出されていました。1番前の席に座られて次々と歌っていきます。私が黒板を押して登場すると、いつもおっしゃるのは「先生、待ってたよ」です。そして他の方に「早く座らいん」と促していました。目力もあり風格もおありでした。

もしかすると若い時のお仕事は小学校の先生かもしれません。

早春賦、紅葉、花も嵐もから始まる「愛染かつら」童謡等々歌われました。

ところが2年目のころ、5回続けてお休みされました。入院されていたのです。お帰りになった時、話しかけると、「まるで聞こえない、耳がめちゃくちゃになってる」「なんで聞こえないんだろう、歌えないよ」と泣かれました。熱発で入院されたのですが、その時突発性難聴を患われたのかと思います。その後遺症としての耳の聞こえに対してどうしたら花子さんを安心に繋げられるかが私の役目です。

花子さんは童謡、唱歌の歌詞はほとんど空で歌える方なので、紙カクセイで半側に音楽療法士が頭のフレーズを歌ってあげます。そのあとは花子さんの記憶の中の歌詞で歌い続けることができます。そうしたら紙カクセイははずします。このはずすタイミングが狂うと、本人に嫌な気分にさせてしまったりするので注意です。

私も以前こうだったのですが、しばしば目にする光景は、ケアの方が伝えることを最大で怒鳴っていることです。自らも疲れてへとへとと、イライラしてしまっています。

素早く紙カクセイをはずすので、ご本人は「先生が来ると歌が聴こえる、そして歌える、うれしい」とおっしゃることになったのです。そして2年間の花子さんとわたしの交流が元どおりの安心音楽へ導いたことで復活したと考えられます。

これが難聴になってからの初対面の音楽療法士だと、こううまくはいかないかもしれません。私は毎週毎週この方と接していたので、このように結果がでたのだと考えました。継続的音楽を続ける意味はこんなところにあります。

耳が聞こえない状態は全く不安です。周りからの指示、お風呂ですよ、右ですよ、○○時ですよ、がわからなくなるのです。当方法を使うと一人ぼっちのその不安や難聴への悲壮感をある程度、払拭できます。歌えることで安心を感じてほしい。その方と交流が長いと、どういう音楽歴をお持ちかをすぐにわかり活用できます。歌を共にしてきた期間があれば、すぐにでも歌の処方ができます。この紙カクセイを試すのには、その前段階での音楽療法士としての交流も重要な鍵です。

一般的には、耳がきこえにくくなったことを、「年取ったからね」で片づけてしまうことが多いように思います。それは残念なことです。大声で怒鳴ってお話しているのは、言われてる方はまるで叱られているように感じます。聞こえが悪くとも怒鳴られている雰囲気を感じ、こころが痛みます。

伝音難聴、感音難聴の症状は小さな音が聞き取れなくひずみ、不明瞭。処方はいずれも同じ処方で、紙カクセイにて音をクライアントの方の耳に吹き込む。混合難聴の場合もある。お年寄りの難聴は、ほとんどが半側の難聴である。私は半側に紙カクセイを処方する。クライエントは感想として聞こえが鮮明になることを示唆している。

あとがき

２０２２年学術大会にて、ブリュンユルフ・スティーゲ氏の新しい提唱『コミュニティ音楽療法』と言う文言に出会いました。それは、地域に根ざし、地域のニーズを踏まえた音楽療法を行なうために、どのような活動ができるのか、を考える機会でありました。

私達、日本ミュージックセラピスト協会では、毎年定例総会では、その後に実践として、近隣の患者さんや障害のある方々とともにコンサートを行なっていました。そこには「共に演奏する」楽しさがありました。

２０１１年3月11日東日本大地震が起こりました。

千葉県「鴨川青年の家」に東北地方（福島の8施設）から約２７０名大勢の障害のある方々が避難しに来ていました。その年の5月、私達はそこへ行って、２日間音楽療法をして音楽を一緒に楽しみました。大勢が避難していることに驚きました。

怖い思いをして、しかも知らない場所に突然来てどんな気持ちでいるのかな?…の思いが想像出来ました。

一緒に楽しい時間を過ごせるようにしたい…それが私達の目的でした。

良い時間になったと思います。

この1日目の様子は、その日の夕方、ＮＨＫテレビ首都圏ネットワークで放映されました。ここにその時の写真を載せます。

他にも色々な実践をしていました。

それらのことから、これまで取り組んできたことは『コミュニティ音楽療法』への試み、として、活動が繋がっているのでは…と、気が付いてきました。

嬉しい思いです。そして、この度本になりました。

また、この本の原稿に、セッションの実践とご自分の音楽との繋がりを、投稿してくださった方々ありがとうございました。改めてのご自身振り返りになったことと思います。私からの原稿依頼を受けて下さり、とても嬉しかったです。

会報誌「音人広場《おとひろば》」の原稿集めにも編集担当として、毎回苦心しています。

でも投稿依頼をご承諾頂き、会報への掲載の皆様が自らの先が開けていくのや、ご自身の励みになっていくのを感じられて

１日目の様子、ピアノ筆者

２日目の様子

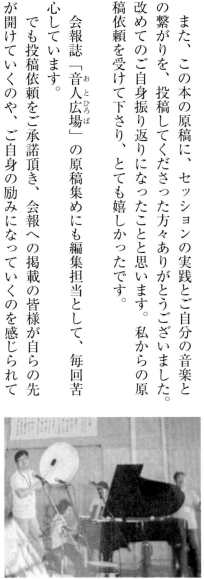

います。これからも是非と思います。

ここに至るまで、笠嶋先生が形成されたお考えは，37年前の「公民館を10倍楽しく得して使う方法」に見て取れると思います。笠嶋先生ご自身がずっと心に続けている思いを、揺らぐことなく継続されて、それが『コミュニティ音楽療法』につながっています。

この本の中の、協会資料やセッション実践などが、音楽療法を思う皆様のお役に立てる事になれば何より嬉しいことです。

どうか読者の皆様にはじっくりと読み取って頂けますのを願っております。

この度、この本の刊行にあたっては笠嶋先生からお声かけを頂き、今回ご一緒に編集に携わることになました。私にとって色々なお勉強でありました。

いつも励ましとお導きをくださいますこと、そして、病気持ちの私を気づかってくださり、心より感謝申し上げます。

発刊にあたり、ご支援ご指導いただいた出版社社長　鴻森和明様、ありがとうございました。

２０２３年８月15日　泉水直子

◆プロフィール（執筆順）

笠嶋道子

1941年生まれ　武蔵野音楽大学短期学部　ピアノ専攻。

音楽療法を1980年頃より始める。実践は児童，成人知的障害者，精神科，高齢者など幅広く活動。

執筆：一橋出版発行「そのままのあなたでいい」

編集・執筆：クオリティケア

「音楽療法」「演習評価」「スキルアップ音楽療法」「精神科音楽療法ことはじめ」

職歴：三好病院　浅井病院　東京国際音楽療法専門学院　仁愛短期大学音楽療法科非常勤講師

NPO法人日本ミュージックセラピスト協会元理事長。

日本音楽療法学会　認定音楽療法士　ミュージックセラピスト協会認定ミュージックセラピスト

泉水直子

慶應義塾大学文学部心理教育社会学科卒業，東京国際音楽療法専門学院卒業，NCCPカウンセリング学院卒業。

日本音楽療法学会認定音楽療法士，NCCP認定カウンセラー

NPO法人日本ミュージックセラピスト協会前理事長

重度心身障害児者，高齢者，精神障害者，児童障害児を対象に音楽療法を実施する。

幼少時から音楽に触れピアノを学ぶ。好きな音楽と心を求め音楽療法と出会う。

白川照代

千葉県在住。NPO法人日本ミュージックセラピスト協会会員。同協会認定ミュージックサポーター取得。

文教大学教育学部を卒業後，公立小学校の教諭として勤務し，君津市教育委員会で特別支援教育を担当。

ワイワイコンサートへの関りを契機に笠嶋先生と出会い，協会の研修会や笠嶋道子音楽療法研究所の実践の場で研鑽を積んでいる。

東澤成美

東京音楽大学 声楽科卒業。
音楽教室にて講師をする。
介護福祉士として介護施設に勤務。NPO 法人日本ミュージックセラピスト協会会員 2016 年同協会認定音楽療法士取得。

佐々木庸子

宮城県在住。
NPO 法人日本ミュージックセラピスト協会会員，音楽療法を学ぶ，同協会認定音楽療法士，広報担当。
中央大学英文専攻卒業後，コンピュータ業界勤務。
現在は音楽療法，障害者 B 型作業所にて作業補助担当，シニア向けピアノ講師，他にボランティアでシニア向け PC・スマホ操作を教える活動をしている。

山田連

大阪府茨木市出身。
2012 年より音楽療法士の伴奏をし，音楽療法に興味を持つ。
NPO 法人日本セラピスト協会に入会し，2016 年同協会認定セラピストになる。2023 年には，仲間と共に音楽セラピー「楽響」を開設し，フレイル予防，認知症予防を目指し高齢者各施設にて音楽療法を実施している。
大阪音楽大学短期大学部声楽科卒業。

千代田優喜代

小学生の頃より民謡，三味線を習い 17 歳に作曲家に歌謡曲を師事その後演歌歌手としてデビューする。1984 年歌謡教室をはじめる。母親の病気を機に病気と向き合う方々のために自分でやって来た音楽を通して何かできることはないかと考えるなか，音楽療法を知り東京国際音楽療法学院に入学することになる。現在，歌手としてまた歌謡教室の講師として活動しつつ，高齢者を主に音楽療法士としても活躍している。
東京国際音楽療法学院卒　日本音楽療法学会音楽療法士（補）NPO 法人日本ミュージックセラピスト協会音楽療法士　一般社団法人日本歌手協会会員。

紀川勝江

特養で勤務中，音楽療法に出会う。

NPO 法人日本ミュージックセラピスト協会に入会し，音楽療法を学ぶとともに実践を積む。同協会認定音楽療法士取得。

東京国際大学教養学部国際学科卒業　東京アナウンス学院卒業　現在，高齢者　児童障害児，成人障害者の音楽療法活動中。

文屋睦子

宮城学院大学音楽科卒，東京国際音楽療法専門学院卒，東北大学大学院医学系音楽音響単位取得退学。
仙台医療専門学校勤務，仙台高専音楽担当勤務，やまと塩釜老人保健施設音楽療法士勤務，NPO 法人日本ミュージックセラピスト協会理事。
2002 年　日本音楽療法学会認定音楽療法士を取得。
2015 年　認知症ケア指導管理士取得。

コミュニティ音楽療法の試み

発　行　2023年12月1日　第1版第1刷 ©

編　者　笠嶋道子　泉水直子

発行者　株式会社　クオリティケア
代表取締役　鴻森和明
〒176-0005　東京都練馬区旭丘1-33-10
TEL & FAX　03-3953-0413
e-mail　qca0404@nifty.com

印刷・製本　双文社印刷

ISBN 978-4-911097-01-4 C3073 ¥2000E